アドレスで飛ばしなさい

日本一飛ばす男の
ゴルフ「飛ばし」の格言

安楽拓也

GOLF スピード上達シリーズ
KKベストセラーズ

はじめに　～コツさえわかれば、カンタンに飛距離UPできる！

みなさん、こんにちは！　ドラコンプロの安楽《あんらく》拓也《たくや》です。

「飛ばし」はゴルフにおける大きな楽しみのひとつです。ドライバーで遠くに飛ばすこと自体、とても気持ちがいいですし、飛べばスコアメイクもしやすくなります。

国内外を問わず最近のトーナメントでは、それほど名の通っていない選手がいきなり勝ったり活躍していますが、そんなプレーヤーのほとんどは「飛ばし屋」。飛距離のアドバンテージを武器に新たな道を切り拓いています。

ボクは「ドラコン」（ドライビングコンテスト）というカテゴリーのプロです。簡単に言えば飛ばしに特化したプロですが、そんなボクにとって、ここ1年は嬉しいことの連続でした。

たまたまボクのレッスンＤＶＤを見てくれた谷原秀人《たにはらひでと》プロが、鑑賞直後のトーナメントで２連勝を挙げ、２０１６年シーズンの終盤まで賞金王争いを演じたのです。

何より嬉しかったのは、谷原プロがドラコンとツアー競技を結びつけてくれたこと。そのおかげで、飛ばすことだけに賭けていると見られていたボクが、ティーチングにおいても評価されるようになりました。『ゴルフダイジェスト』誌で「レッスン・オブ・ザ・イヤー」に選ばれたのも、その表れだと思っています。

ボクのスイングを見ていただくとわかりますが、飛ばすために特別なことはしていません。体格に関してもちょっと太り気味なだけで筋骨隆々というわけではありませんし、日夜筋トレで汗を流しているわけでもありません。

もちろん、谷原プロにもスペシャルなアドバイスはしていない。練習場でアマチュアゴルファーに言っているのと同じことを伝えただけです。「ウソでしょ⁉」と思うかもしれませんが本当のこと。そればかりか、アマチュアゴルファーに向けてのアドバイスは、ここ数年間恐ろしいほど変わっていないのです。

つまり、飛ばすことは決して難しくないということ。正直、ボクはドライバーが一番簡単なクラブだと思っています。それゆえシャカリキに練習することもありません。

簡単なことを難しく伝えるのは罪です。だからボクは普段のレッスンで、生徒さんになるべくシンプルにアドバイスするよう心がけています。ひと言で伝え、ちょっと手ほどきすれば飛ぶようになる。これが生徒さんにとってもボクにとっても理想ですから。

この本は、そんな実践の一環として作らせていただきました。大事なことはひと言（「飛ばし」の格言）に絞り、正しく理解していただけるよう写真で補足しました。誰が見てもわかるよう、シンプルな作りになっています。

飛ばしについては、言葉を弄《ろう》するほど難解になります。好きなように思いきり動けば勝手に当たって飛ぶ――。そうなる準備（特に「アドレス」）をすることがもっとも大事なのです。

この本を通じてそれをわかっていただければ、あなたもすぐ飛ぶようになります。

安楽拓也

アドレスで飛ばしなさい

日本一飛ばす男のゴルフ「飛ばし」の格言

目次

第一部 飛ばすためのスイング（静）――グリップ&アドレス

序に代えて

飛ばすための考え方

——“再現性”の大切さ

GOLF KEYWORD 01

スイングは自転車こぎ

序に代えて 飛ばすための考え方 ——"再現性"の大切さ

　自転車でゆっくり走るのと、ある程度スピードを出すのと、どちらが真っすぐ走りやすいでしょう？　ペダルをこいで、ある程度スピードを出すほうだと思います。

　スイングも同じで、スピードを上げて振ったほうが軌道が安定します。ところが多くの人は、ちゃんと当てようと思ってゆっくり振る。そのためクラブや体がフラつき、スイング軌道が不安定になってしまいます。

　良かれと思ってやっていることが、飛ばない原因を作っているのです。

1
自転車の
サドルに座って
バランスをとった
状態=**アドレス**

2
ペダルを
強くこぎ出す
=**テークバック**

スイングには「チャリンコ理論」

3

あとは
スピードに乗って
スイスイ走る
=スイング
スイングは
自転車をこぐのと一緒
名付けて
「チャリンコ理論」!!
ゆっくり
走ると
不安定！

GOLF KEYWORD 02

ゆっくり丁寧に振らない！

スイングでは"再現性"を高めることが大事。ボクもそう思いますが、みんな間違った方法で再現性を高めようとしています。それが「ゆっくり丁寧に振る」ことです。

スイングの再現性を高める条件は速く振ることです。

回転が速い独楽(コマ)は安定して回り続けますが、スピードが落ちたとたんにフラつき、同じ回り方ができなくなります。ゆっくり振って再現性を高めることは、ブレーキを踏みながらアクセルを吹かすようなものです。

ゆっくりていねいに振ると……

再現性 DOWN
手が前に出る
ダフる！
フェースが開く

ゆっくりていねいはいいことのように思えますが、重みがあるクラブを動かし、そのうえ再現性を高めるとなると不向きです

ビュンビュン振れば……

再現性 UP

繰り返しビュンビュン振れば誰でも同じように振れます。スピーディに振るほどスイングの再現性は高まるというわけです

GOLF KEYWORD 03

飛ばしのコツは「遠心力」

水の入ったバケツでも、ある程度の速さでブンブン振り回すと、中の水がこぼれることはありません。振り回すことで外に向かう力が働き、水がバケツの底に吸い付くからです。

この外に働く力が「遠心力」。物をグルグル回している途中で、飛ばしたい方向に向かってタイミングよく手を放すハンマー投げは「遠心力」を使って飛ばしています。

このメカニズムを応用しているのがボクのスイング。クラブという物体の重さを利用して振るのがポイントです。

して“遠心力”を生む――

ドライバーはヘッド側が圧倒的に重い。この重さを利用できるとスイング時に大きな「遠心力」が発生します。これを効果的に使えるかどうかで飛距離が大きく変わります

クラブという物体の重さを利用

GOLF KEYWORD 04

「力」だけでは飛ばない

飛ばそうとして力を入れたら、かえって飛ばなかった……。誰もがそんな経験をしていると思いますが、これは真実。つまり、「力」だけでは飛ばないということです。

では何が必要なのか？　簡単に言うと力任せにクラブを振るのではなく、クラブに振られること。

平均的な男性よりずっと体の小さい女子プロがアマチュアゴルファーより飛ばせるのは、クラブに振られているから。前述したように、モノを振り回すことで生じる「遠心力」を使っているからです。

引っぱられる」

クラブに振られるということは、クラブに引っぱられることです。スイング中はつねにクラブと体が引っぱりあった状態にある。これが「遠心力」を使うということです

体の
右側は
内へ
クラブは外へ
大きな円を描く！

「クラブに振られる」=「クラブに

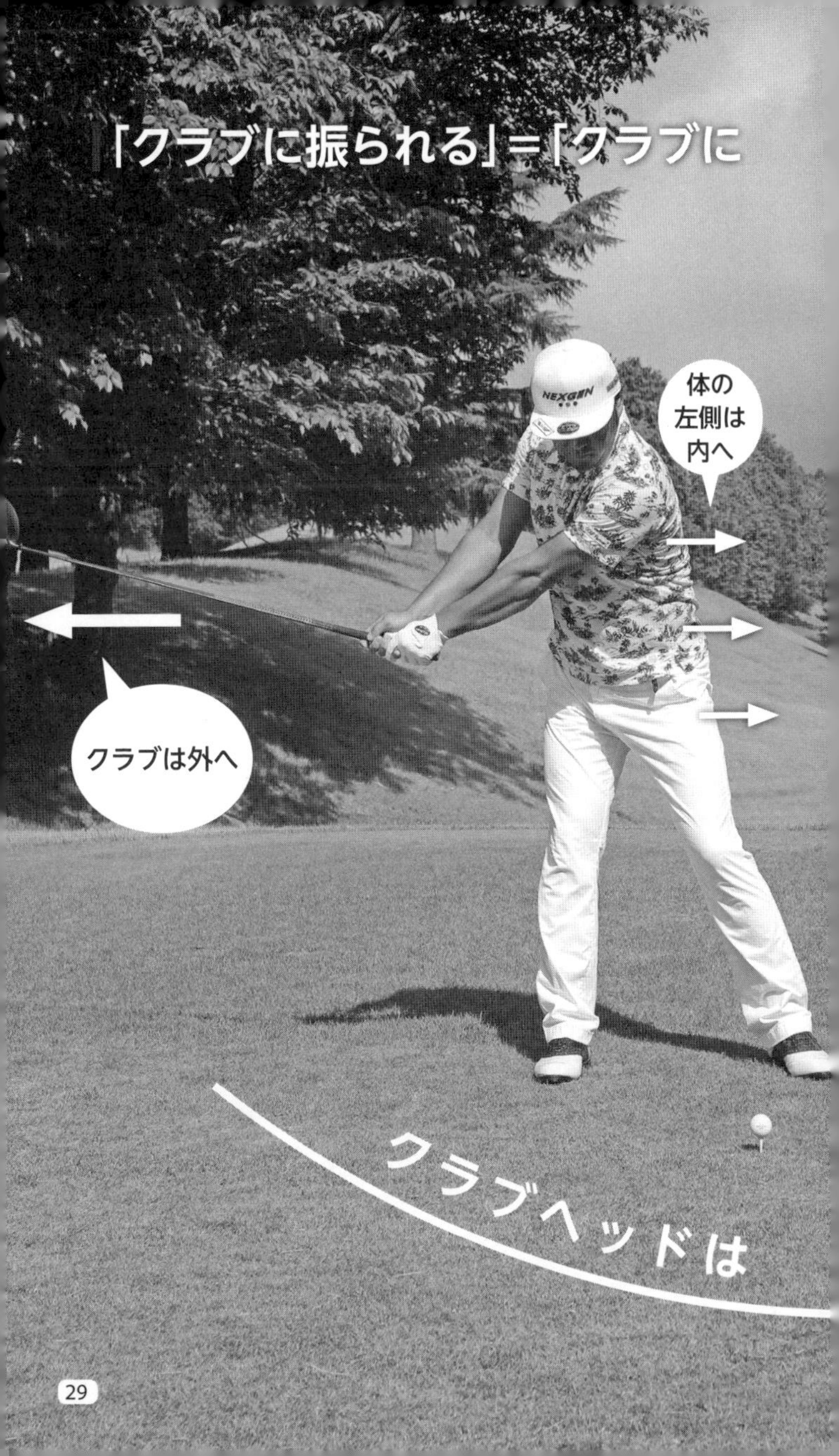
体の
左側は
内へ
クラブは外へ
クラブヘッドは

GOLF KEYWORD 05

ドライバーは「当たっちゃった！」が一番飛ぶ!!

ドライバーは、"いい加減"に振ったほうが飛びます。「開き直って振ったら飛んだ」ということがあると思いますが、実はそれが正解。自分のリミッターを外して気持ちよく振った結果「当たって飛んじゃう」のがドライバー。

多少曲がっても、当たっていれば調子は悪くないのです。

最悪なのは、振ることをやめてボールを当てに行くこと。スイングがゆっくりになったり、ダウンスイングで体が突っ込み、どんどん飛ばないほうに向かっていきます。

「いい加減」とは「良い加減」のこと。自分が考えているよりスピードアップして振ることが、あなたの「良い加減」であることが多いと思います

当たってさえいれば調子は悪くない！

ドライバーはプロでも曲がりやすいクラブ No.1。ちょっとくらい曲がっても当たり損なわなければ OK。スイングにリミッターは必要ありません

GOLF KEYWORD 06

スイングとは〝究極の手打ち〟である

序に代えて 飛ばすための考え方 ——"再現性"の大切さ

クラブを速く振るには腕を使います。でも、腕だけ振っても飛びません。そこで体を使うわけですが、はじめは腕と体がバラバラに動きます。そのうち「手打ちになっているから腕は使わないで」などと言われ、飛ばしのレールを外れていくアマチュアの方がたくさんいます。

ボクはスイングを"究極の手打ち"と考えています。ボディターンで打っているように見えますが、手打ちがあってこそのボディターン。腕を振らなきゃ飛びません。

腕を使わないで振るとスイング中にワキが空く

腕だけで振るとバックスイングで右ヒジが曲がり、フォローで左ヒジが曲がります。これが自然な手打ちの形です

飛ばしには腕の振りが不可欠です！

手打ちでもヘッドの運動量は確保できるのでボールは打てる。腕を速く振れば飛びます。ここに体の回転が加わるともっと飛びます

〔正面〕

安楽拓也のドライバーショット

COLUMN.1

ヘッドスピードよりも腕と体を同じスピードで動かすことが重要

飛ばすにはヘッドスピードが必要ですが、ボクはヘッドスピードより「体の回転スピード」を重視します。これがマックスの速さになれば、クラブが動くスピードも上がってヘッドスピードが勝手にアップするからです。

ヘッドスピードを上げることばかり考えると腕だけで振るスイングになります。もちろん腕の振りは大事ですし、ボク自身、腕の振りを第一に考えているくらいです。

しかしその場合、腕も体と同じスピードで動かなければいけません。「腕を速く振る」「体を速く回す」どちらを基準にしてもいいですが、最終的に双方とも同じスピードになることが重要。腕と体のタイミングが合わないからボールが曲がったり、吹き上がるのです。

飛距離のロスが生まれるのはこのため。要はタイミングが合わないからだけで、腕と体のタイミングさえ合えば効率よく飛ばせるスイングになります。

第一部

飛ばすためのスイング（静）

——グリップ＆アドレス

GOLF KEYWORD 07

クラブはゆるく、短く持つ

グリップⅠ

クラブは「握る」より「持つ」。振ってもクラブが抜けない程度に持っていれば十分です。

「握る」と前腕部に力が入って筋肉が固まりますが、「持つ」ぶんには、ここに力が入りません。飛ばすにはこの状態が理想的。両ヒジから先がブラブラしている感じです。

同時にグリップエンドが1～2インチ余る程度に短く持つ。ダウンスイングでヘッドの遠心力を受け止められるので、ヘッドが早く落ちるのを防げます。

上から握ると前腕部が固まって動かない

クラブを上から押さえるように握ると、ヒジから先の前側に力が入って動かないので、下から支え持ちます

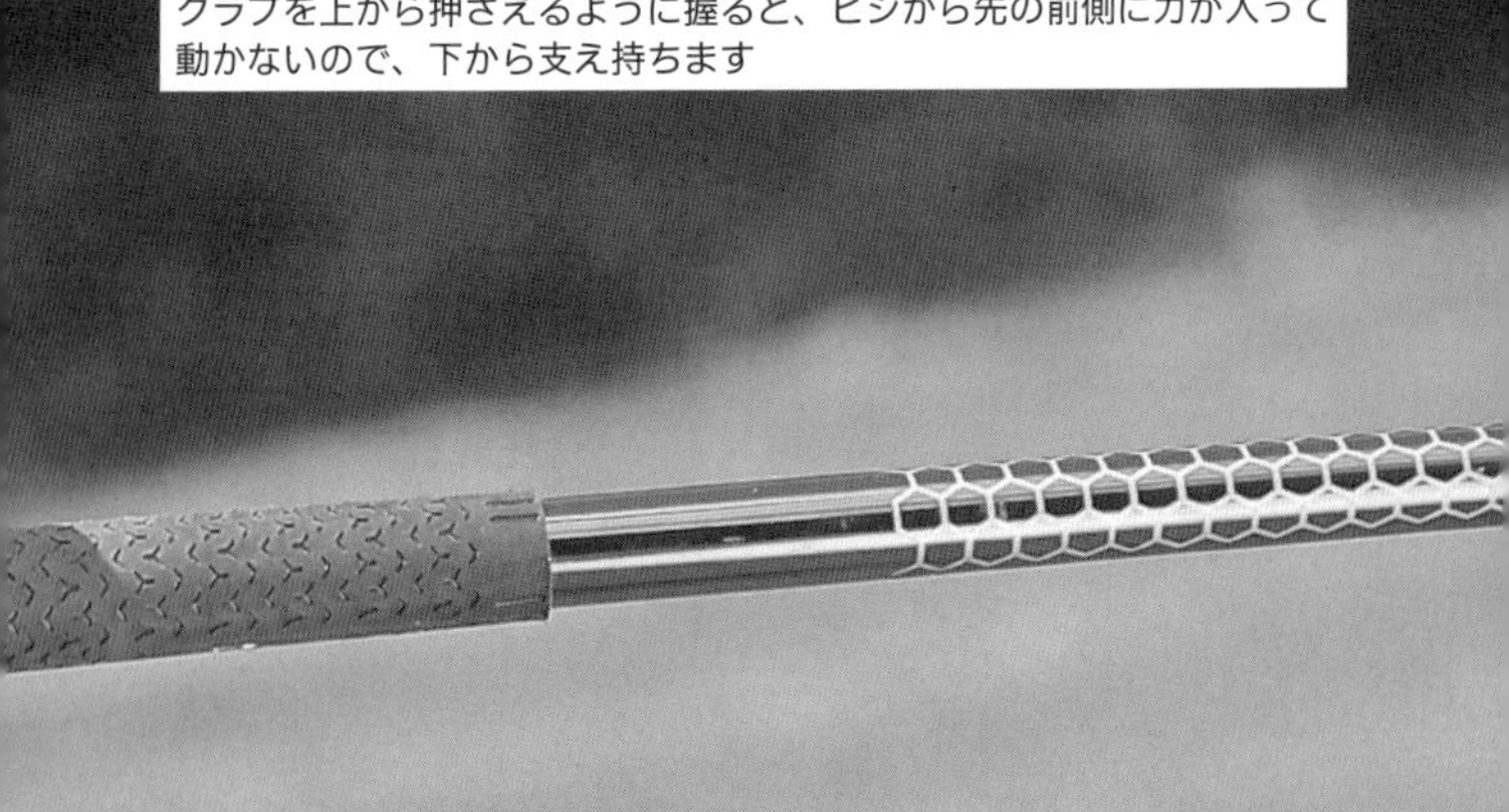

クラブを持っても手首は自然に柔らかく

ゆるく持てば手首が固まらず、必要な時に必要なだけ働いてくれます。また、短く持つことでヘッドが早く落ちるのを防げるのでダフりづらくなります

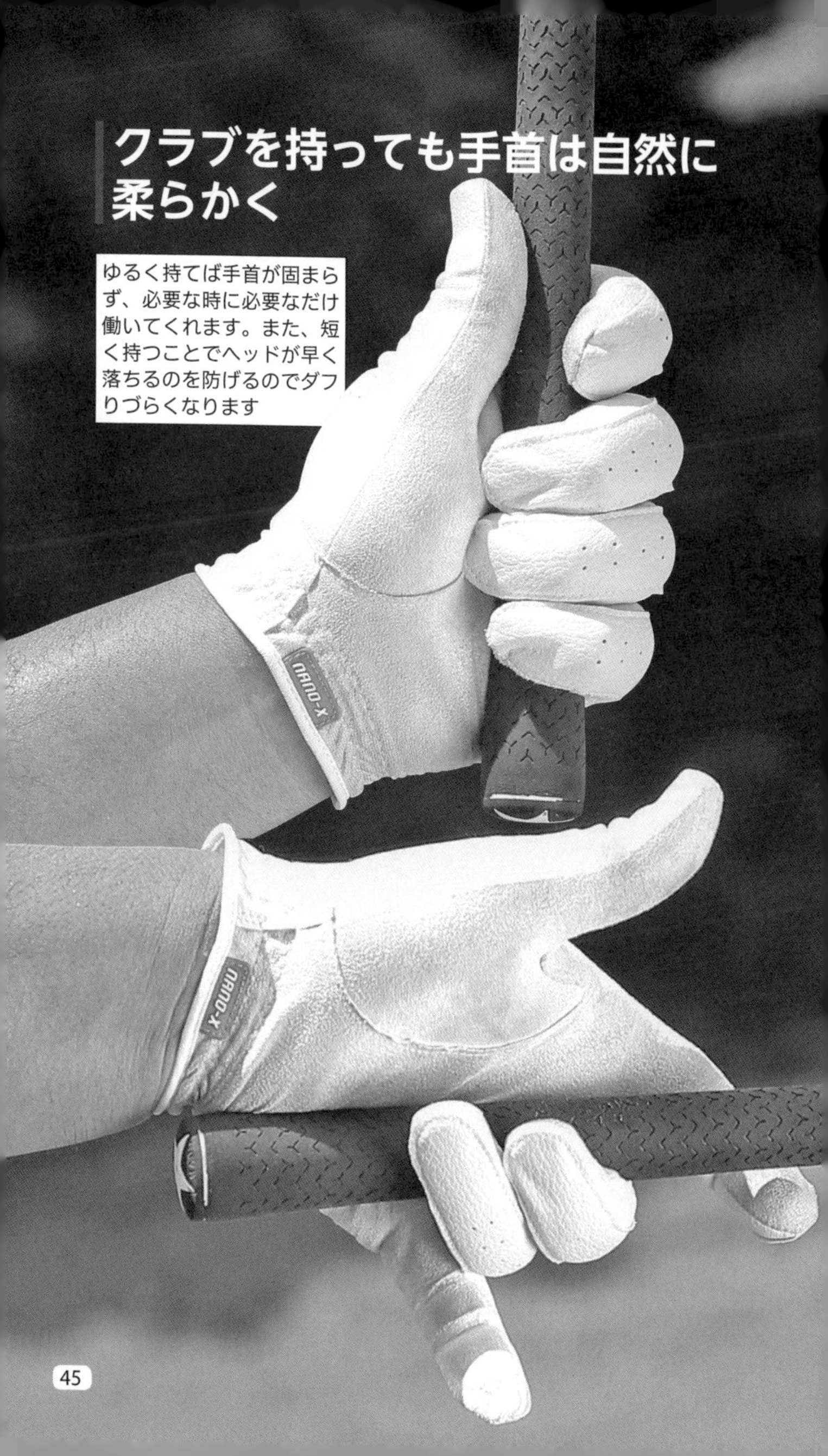

GOLF KEYWORD 08

右手はボールを投げるときのように持つ

グリップⅡ

　スイングでは手を使いたくないですが、ここで言う手とは「右手」のこと。アマチュアの方は右手を使いすぎる傾向があり、そんな人の多くは右手を深く握っています。

　これを防ぐには右手を浅く握ることです。

　キャッチボールをするとき、ボールを〝むんず〟とつかんで投げる人はいません。誰もが右手の指先に引っかけるように持って投げます。

　これと同じで、右手は浅くゆるく持つ。指の先端の関節にグリップを引っかけておけばいいのです。

右手は指先に引っかけるように持つ

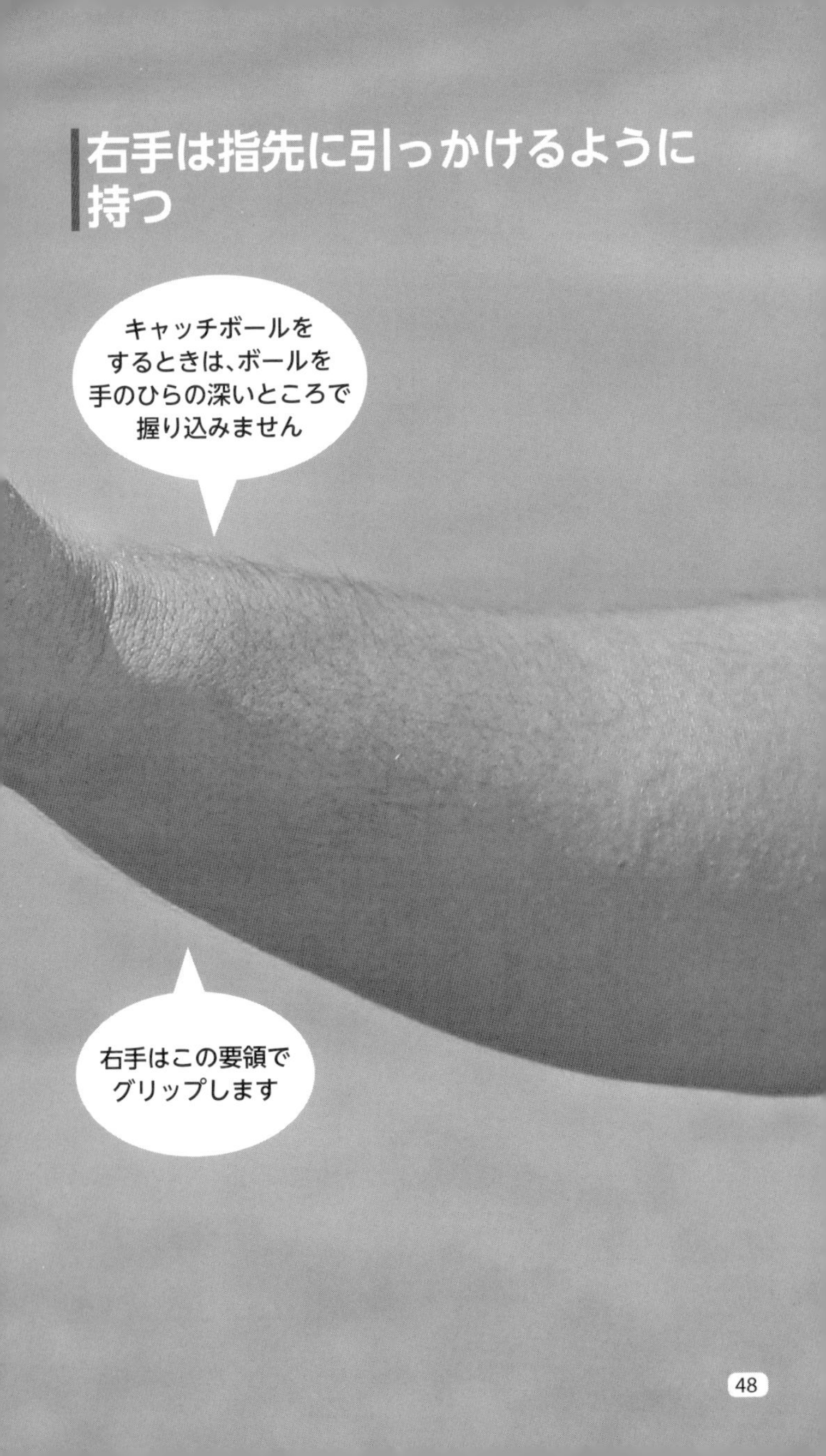
キャッチボールをするときは、ボールを手のひらの深いところで握り込みません
右手はこの要領でグリップします

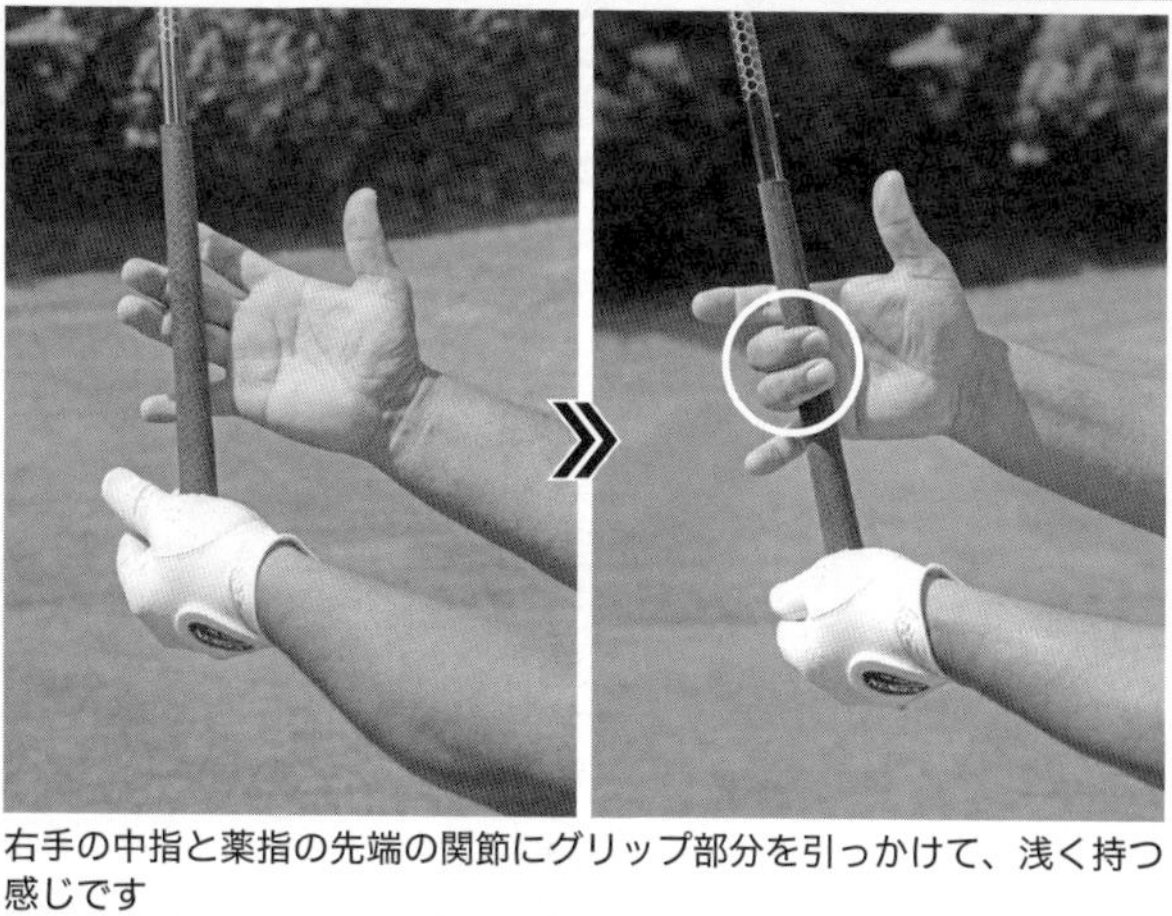

右手の中指と薬指の先端の関節にグリップ部分を引っかけて、浅く持つ感じです

GOLF KEYWORD 09

アドレスで飛ばしなさい

アドレスⅠ

ドライバーではボールを当てに行くのが最悪です。しかし、多くの人は当てに行かないと当たらないアドレスをしています。

ということで、アドレスは飛ばしにおける最重要ポイント。

「好きなように動けばちゃんと当たるアドレスを作る」――、それがボクの理論の要です。

飛ばない人は、それなりのアドレスになっています。アドレスを変えるだけで飛ぶ人が大勢いるのがその証拠。飛ばしに不可欠な要素の〝8割〟はアドレスにあります。

4つのNGアドレス

ここに挙げたどれもが飛ばないどころか、ボールに当てにいかないと当たらないアドレスです。多くのアマチュアが、このようなアドレスから複雑に動いて打っています

飛ばないのは当たらないアドレスだから……

アドレスとは体のポジショニングのこと

アドレスⅡ

アドレスとは、体の各部が正しくポジショニングされた状態です。これができたらあとは好きなように動くだけですから、誰もが気持ちよく振れます。人間が本来もっている機能を最大限に発揮するための準備と言えます。

飛ばない人は準備ができていません。言い換えれば、楽に構えて難しく振っている。そんな人にとってポジショニングは億劫かもしれません。でも、ボクは好きなように振れるほうを選びます。そのほうが飛びますから！

ポジショニングとは、体が無理なく効率的に動くようにお膳立てをすることです。ポジショニングさえ正しければ、好きなように振るだけで当たって飛びます。飛ばしの鍵の 8 割はアドレスが握っているのです

安楽流の正しいポジショニング!!

スタンス幅はフィニッシュから逆算

アドレスⅢ

スタンス幅には個人差がありますが、動きやすくて常に一定になりやすい幅が適正であることは万人に共通。

その幅を見つけるにはフィニッシュが役立ちます。

まず、その場で自分が理想とする、かっこいいフィニッシュを作ってみましょう。そして、そこから両足が地面につくところまで、もしくはアドレスまでスイングを巻き戻します。できた足幅が最適なスタンス幅。肩幅より少し広いくらいになっているはずです。

アドレスに
入ると…
ベストの
スタンス幅に！

理想のフィニッシュからインパクトに向かってスイングを巻き戻し、両足が地面についたところでストップ。そのときのスタンス幅がベスト。もしくはそれを基準にアジャストしましょう

肩幅より少し広いくらいが最適なスタンス幅

GOLF KEYWORD 12

「前傾」とは骨盤が前に傾くこと

アドレスⅣ

思いきり振れるように体をポジショニングするうえで大切な要素のひとつに「前傾姿勢」があります。言うまでもなく上体が前に傾くわけですが、それはあくまで結果。正確に言うと、前傾するのは〝骨盤〟です。

骨盤を前傾させると、股関節を境にそれより上が前に倒れます。これが動けるアドレスの前傾姿勢です。やってみてちょっとキツいと感じる人は、お腹から上が前に折れていただけの間違った前傾をしていた可能性大です。

これがアドレスで必要な前傾姿勢。好きなように振れるアドレス作りの第一歩です

骨盤が前に傾くと動ける前傾になる

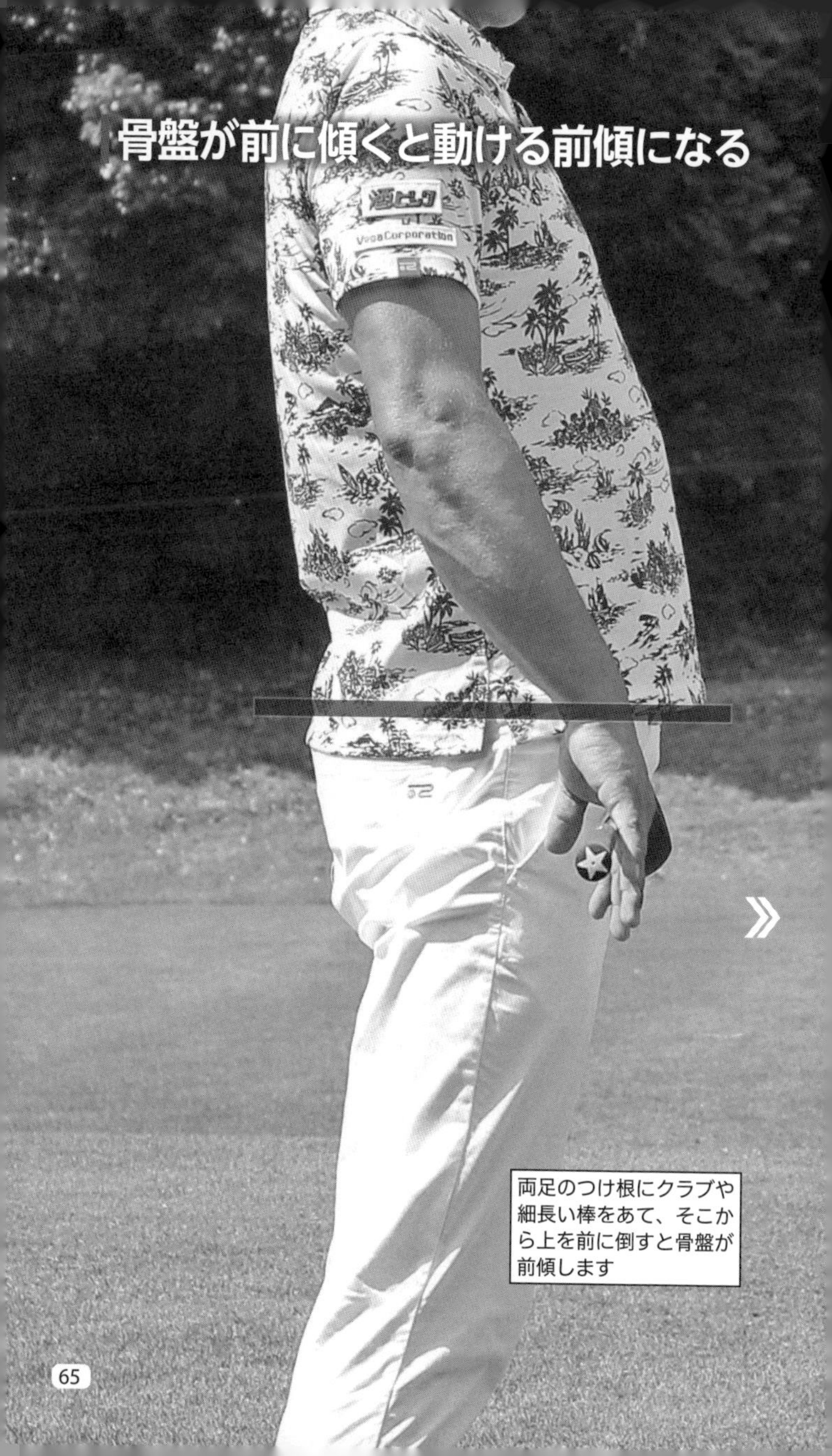

両足のつけ根にクラブや細長い棒をあて、そこから上を前に倒すと骨盤が前傾します

GOLF KEYWORD 13

アドレスではジグザグラインを作れ

アドレスV

骨盤が前傾したら、柔らかさを保ったまま両ヒザを軽く曲げます。ヒザを曲げると足首も曲がって、骨盤、ヒザ、足首の3ヵ所に角度がつき、上体から足の部分でジグザグのラインができます。

これができると足を使ってスイングできる（第二部参照）。また、ジグザグラインをキープして振ればスイングが安定します。ジグザグラインができないと、多くの場合ダウンスイングでお腹が前に出て、体が回らなくなってしまいます。

ジグザグのラインを作ろう

伸びたヒザをゆるめると足首も曲がる

1
骨盤を
傾ける
2
ヒザを
軽く曲げる
3
足首が
曲がる

骨盤が前傾したら伸びたヒザをゆるめる感じで軽く曲げます。こうすると足首も自然に曲がり、上体から足にかけての部分でゆるいジグザグのラインができます

重いものを持ち上げるイメージでアドレスしましょう

重いものを持ち上げる体勢

ジグザグラインを作るには、重いものを真上に持ち上げるイメージが役立ちます。持ち上げる途中の姿勢が、アドレスそのものです

GOLF KEYWORD 14

下半身を安定させる“黄金のトライアングル”

アドレスⅥ

アドレスでは、左右の太モモと腰の上の背筋《はいきん》、この3ヵ所の筋肉に緊張感をもたせて下半身を安定させます。重心を落とす感じで腰を少し下げ、そこからお尻をちょっと上げるとこの形になります。

これができたら3ヵ所を結ぶ三角形をイメージし、そこを意識して構えます。すると、スイングでいくら動いても下半身が引きずられません。ボクにとってこれはアドレスにおける〝黄金のトライアングル〟です。

両足太モモ
おもに内側の
筋肉を意識
します
①
②

腰の少し
上あたりを
意識する
③

左右の太モモと腰の上の背筋に緊張感を持たせ下半身を安定

意識した3ヵ所を結ぶ三角形をイメージ。それを保って動くとスエーしたり、腰が引けたりしません。ボクにとっては“黄金のトライアングル”です

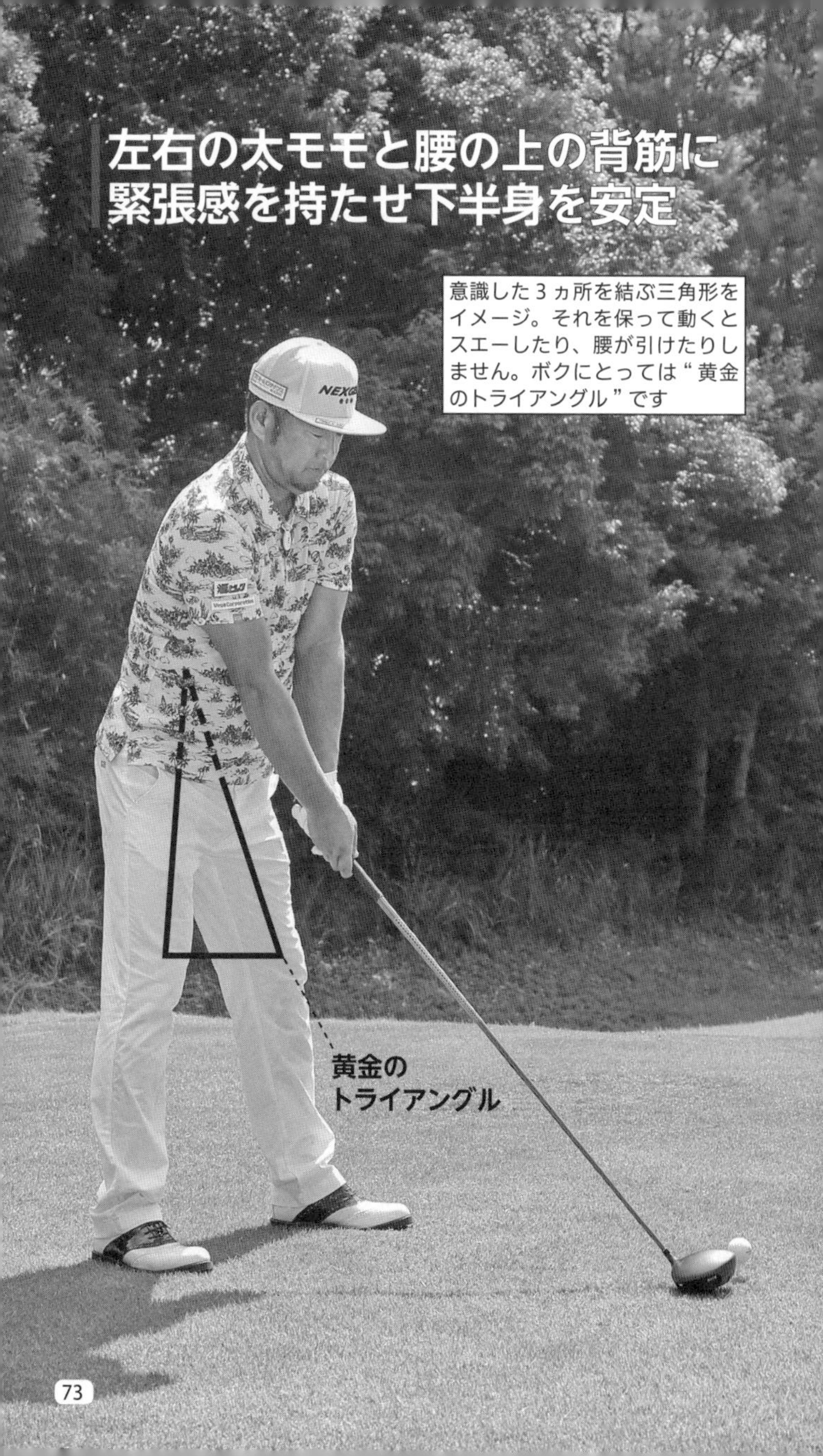

GOLF KEYWORD 15

お尻を上げる！

アドレスⅦ

「お尻が下がる」=「カカト体重」ということ。この体勢だとスムーズに動けません。

アマチュアの方の多くは、アドレスでお尻が下がっています。前項で紹介した〝黄金のトライアングル〟ができるとお尻は上がりますが、感じがわからないようならカカト体重にならないようにしてください。

たとえば、構えた状態でツマ先、カカトを交互に上げてみる。これを繰り返すと重心位置が適正になってお尻が上がります。

カカト体重にならないように
尾てい骨を斜め上に向ける！

尾てい骨を斜め上に向けるイメージをもつとお尻が上がります。構えた状態でツマ先、カカトを交互に上げて適正な重心位置を見つけることでもこの形を作れます

自然に
お尻が上がる
アドレスを！

GOLF KEYWORD 16

体の正面に「左ヒジ」をセットせよ

アドレスⅧ

肩は体の左右にあり、腕はその横についていますから、普通に振ったら肩の動きに対して腕が遅れます。

もし両腕が体の正面から出ていれば、肩と腕が連動しますから振り遅れは軽減されます。

それならアドレスで腕が体の正面から出ている形を作ってしまおう、というのがボクの考え方。すなわち、アドレスで両腕の上腕部からヒジの部分《特に「左ヒジ」》を、胸に乗せるようにしています。

NEXGEN
左上腕を
胸に乗せたら
右上腕部も
同様に

NEXGEN
この形が
できれば
腕で振っても
構いません

上腕部を胸の上に乗せる

左腕を外側から胸の上に回して上腕部を左胸に乗せます。これで腕が体の正面から出ている形に近づきます

GOLF KEYWORD 17

頭はボールの「右」に置く

アドレスⅨ

第一部　飛ばすためのスイング(静)　——グリップ&アドレス

ドライバーではティアップしたボールを打ちますが、宙に浮いたボールの真上に頭がある状態で振ると、スイングでは絶対厳禁とされている「体の上下動」が入ります。

これを防ぐにはアドレスでボールより右に頭を置き、頭とボールの位置関係を崩さずに打つことです。

もちろんテークバックで頭を右にズラしてもいいのですが、ボクはアドレスの時点で頭を体の中心より右にズラしておき、その位置でインパクトを迎えるようにしています。

ボクは
アドレスで
体の中心より
頭を右にセット
しています
NEXGEN
アドレス
体の中心線

「アドレス」か「テークバック」で必ず頭をボールの右に置く

打つ前にボールの右に頭をもっていくのが絶対条件。テークバックからバックスイングで右にズラしてもいいですが、あらかじめアドレスで右にズラしておきインパクトまでキープするのがオススメです

GOLF KEYWORD 18

体のヨコ軸で発射台を作る

アドレスX

自分から見て左から、「ボール」「クラブヘッド」「頭」の順に並ぶアドレスでは、体が右に傾きます。クラブを持つと右手が左手より下にくるので構えやすいと思います。

大事なのはボールを打つまで三者の位置関係が変わらないこと。アドレスとインパクトを正面から見た場合に、「両肩」「腰」「両ヒザ」の、いわゆるヨコのラインが、発射台のように左上がり(右下がり)になります。ドライバーでは、これらのヨコ軸を揃えることがアドレスの大前提になります。

体は必ず右に傾く！

ドライバーのアドレス

ドライバーの場合、アドレスからインパクトまでは、「両肩」「腰」「両ヒザ」のラインが発射台のように左上がり（右下がり）になります

体を傾ける必要なし！

アイアンでは、頭の真下近辺にあるボールを打つので体のラインを発射台にする必要がありません

※写真ではドライバーを持っていますが、アイアンのアドレスです

〔後方Ⅰ〕

安楽拓也のドライバーショット

COLUMN.2

「スイング」と「アドレス」は個々に独立したものではない

これまでボクは全国津々浦々で３万人を超えるアマチュアゴルファーをレッスンさせていただきました。

ドラコンプロのレッスンということもあり、９割の方から「もっと飛ばしたい」と訴えられますが、大多数の方は、ボクのアドバイスを聞くとキョトンとします。

理由はスイングについてはアドバイスしないから。ほとんどの方がアドレスに対するアドバイスだけで終わる。そして、それだけで今までより飛ぶようになるからです。

飛ばすには「準備」が必要ですが、それ以前に、ちゃんとスイングする「準備」ができていないアマチュアの方が圧倒的に多い。第一部でもお話ししましたが、みんな楽に構えて難しい振り方をしているのです。

スイングとアドレスは個々に独立したものではありません。アドレスはれっきとしたスイングの一部なのです。

第二部

飛ばすためのスイング（動）

——始動〜フィニッシュ

GOLF KEYWORD 19

大きな三角形を「右」に向ける

始動Ⅰ

アドレスしたら、No.14の「黄金のトライアングル」(70ページ)とは別に、体に二つの三角形もイメージします。一つは頭と両ヒザを結んでできる大きな三角形「A」。もう一つは、両肩とグリップを結んでできる小さな三角形「B」です。アドレスでは二つの三角形が交わる格好になります。

始動で大切なのは、三角形「A」。底辺が下にあり、スイングの土台を作っているこの三角形を、右に向けるように動きます。すると三角形「B」は勝手に動きはじめる。

アマチュアの多くは三角形「B」から動き出しているから飛ばないのです。

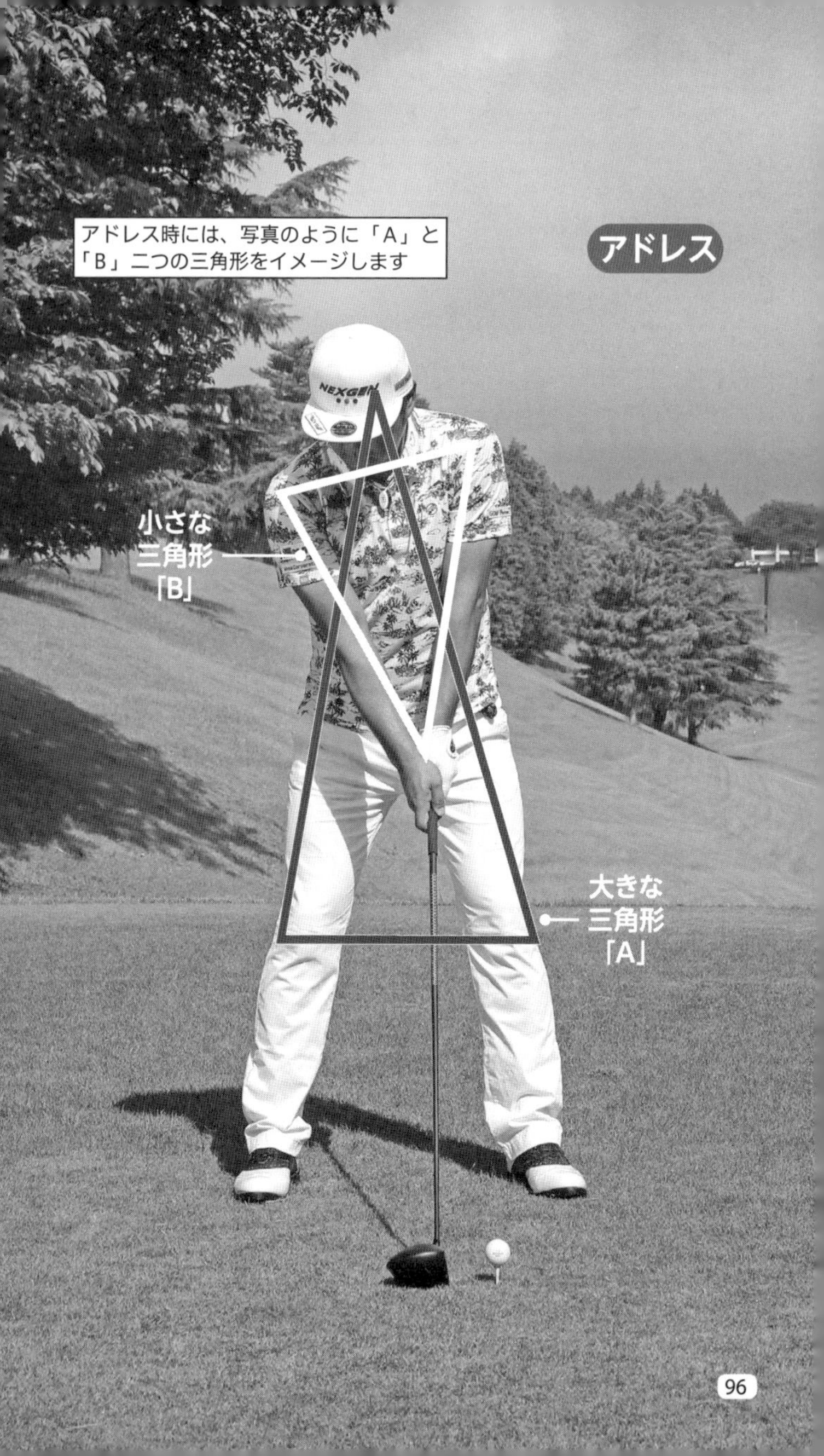

アドレス時には、写真のように「A」と「B」二つの三角形をイメージします
アドレス
小さな三角形「B」
大きな三角形「A」

テークバックでは三角形「A」を右に向ける！

テークバック

スイングの始動で重要なのは三角形「A」。これが徐々に右を向くように動きます。この動きに従って三角形「B」が勝手に動きはじめます

2
連動して三角形「B」が動く
1
まず、大きな三角形「A」を右に動かす
3
クラブは自然に上がっていく

頭は動いていい

始動Ⅱ

第二部　飛ばすためのスイング（動）──始動〜フィニッシュ

ボクのようにアドレスの時点から頭をボールの右に置いている人を除けば、テークバックでは頭が右に動かなければなりません。固定したままだとバックスイングで上体が起きる。それではまずいと前傾角度をキープすれば体が反る。頭を固定してもいいことなしです。

アドレスで頭をボールの真上近辺に置いている人が前傾姿勢を保ってテークバックすると、頭は右に動くのが普通です。頭は固定しないでください。

頭は右へ動いてもOK！

○

アドレスで頭がボールの真上近辺にある人はテークバックで頭を右へ動かす。固定したままでは飛びません

頭を固定するとバックスイング できません

頭を固定して振るとバックスイングで上体が起きます。無理に前傾をキープすると体が反ってしまいます

GOLF KEYWORD 21

腰は回さない

始動Ⅲ

スイングでは腰を回すほど、開いたりスエーします。だからボクは腰を回しません。でも、腰は回っています。それはスイングが歩く動きの延長だからです。

バックスイングで右足に体重が乗ると左腕が前にきます。そしてダウンスイングからフォローで左足に体重が乗ると右腕が前にきます。歩くときと同じように、左右の足を踏み込んで体重を乗せれば腰は勝手に回る。これがスイングにおける回転の原動力になっているのです。

歩くとき、右足を踏み出せば左腕が前に出ます。同様にバックスイングで右足に体重が乗ると、左腕が前にきて腰が右に回ります

右にターン

スイングは「歩き」の延長です

歩くとき、左足を踏み出すと右腕が前に出ます。ダウンスイングからフォローで左足に体重が乗ると、右腕が前にきて腰が左に回ります

GOLF KEYWORD 22

始動は「左足」から

始動Ⅳ

第二部 飛ばすためのスイング(動) ——始動〜フィニッシュ

ボクのスイングをリードするのは「足」。始動では右足を踏み込みながらテークバックします。

でも、その前に無意識に左足を踏み込み、その反動を利用して右足を踏み込んでいる。いったん左に体重を乗せてから右に体重移動しているのです。

こうすると、テークバックでヘッドの遠心力に引っぱられる感じになります。手でクラブを上げず、下半身リードで動くフィーリングがつかめます。

左足を踏んでから右足を踏み込む

左足を踏み込むと右カカトが上がります。上がった右カカトを踏み込みながらテークバック。スイングを始動します

実際に右カカトはこれほど上がりませんが、体重の移動はしっかり行っています

GOLF KEYWORD 23

しゃがむイメージでバックスイング

バックスイングⅠ

スピーディーにテークバックすると、バックスイングで体の右サイドが伸びやすくなります。伸びると体が回らなくなりますから、特に曲げている右ヒザと右腰が伸びないように気をつけなければなりません。

気をつけていても伸びてしまうようなら、バックスイングでしゃがむくらいのイメージをもって右足を踏み込んでみましょう。最終的に、〝ジグザグライン〟（66ページ参照）がキープできていればＯＫです。

ジグザグラインをキープ！

○

しゃがむくらいのイメージで
バックスイングすると“ジグザ
グライン”がキープできます

体が伸びないように…
アドレスの形のままトップへ

体が伸びると回転できない

×

バックスイングで体の右サイドが伸びると体が回りません

GOLF KEYWORD 24

バックスイングではクラブを強く握らない

バックスイングⅡ

グリップを強く握ると上体に力が入るので、バックスイングではアドレス時のグリッププレッシャーを変えないこと。アマチュアの方の体がここで伸び上がる一因は、グリップを強く握って上体に力が入るからです。

右足を踏み込むと地面に向かって力が働きますから、下半身からは下に、上半身は上に力が出ます。ここで上への力のほうが強くなると、ジグザグラインが崩れてヒザが伸び、足を使ってスイングできなくなるのです。

NEXGEN

強く握ると上体に力が入ってしまう

×
NEXGEN

強くグリップするとヘッドの挙動が安定せずスピーディに動けません

グリップ
プレッシャーを
キープ！

バックスイングではグリッププレッシャーを変えないこと。力を入れると体がここで伸び上がります

GOLF KEYWORD 25

スイング軸は「腰」にある

バックスイングⅢ

第二部 飛ばすためのスイング(動) ―― 始動～フィニッシュ

ボクのスイング軸は「腰」にあります。アドレスで骨盤を前傾させてお尻を上げたときに、張りを感じるところが軸。スイング中に頭が動いてもここは動きません。

アマチュアの方は、「背骨」をスイング軸と考えることが多いようですが、背骨を動かさないイメージだと頭を固定しやすくなり、気持ちよくスイングできません。

ボクの場合、軸は背骨という"線"ではなく腰という"点"ですから、思いきって動いてもブレないのです。

スイング軸は腰にあります。アドレス時、背筋に張りを感じるところが軸。背骨のような線ではなく、大きめの点です

スイング軸は”大きめの点”

「腰」の
スイング軸は
動かさない

スイング中、少なくともインパクトまで腰の軸は動きません。軸が点だからこそ、動かさない発想で振れます

GOLF KEYWORD 26

「右ヒザ」でボールを見る

トップⅠ

第二部　飛ばすためのスイング(動) ──始動〜フィニッシュ

アマチュアの方は、ボールを打つとなると素振りのように歯切れよくビュンと振れません。これはボールを気にしすぎるから。「気にする」＝「当てにいく」ということになって体の回転スピードが上がらないのです。

オススメなのは目で見るのではなく、体の動かない部分、具体的には「右ヒザ」や「右足の付け根」を意識し、そこでボールを見るようにする。こうすることで、バックスイングで右サイドが伸びるのを防げます。

目でボールを見たままスイングすると動きが制約されますから、ボールが視界にあるくらいの感覚で OK。同じ見るなら目ではなく、右ヒザや右足の付け根でボールを見るイメージが有効です

右ヒザや右足の付け根でボールを見る

トップなんてない！

トップⅡ

トップは作るものではなく、できるもの。バックスイングでクラブが上がり、ダウンスイングに移行する一瞬のタイミングのことですから作りようがありません。

ところがアマチュアの方はトップの形を気にします。ヘッドが垂れたり、飛球線に対してクラブがクロスするのを嫌い、いわゆるレイドオフを作りたがります。

でも、そんなことを気にしていたら速くは振れない。気持ちよく振れるはずもありません。

すぎません！

バックスイングからダウンスイングに移行する一瞬のタイミングで、クラブが止まるように見えるところがトップ。意識的には作れません

トップはスイング中の現象に

バックスイングではクラブが上がっていきますが、上がりきったところで止めるわけではありません

GOLF KEYWORD 28

ダウンスイングとは「左足」を踏み込むこと

ダウンスイングⅠ

クラブを下ろすきっかけになるのは左足の踏み込みです。

このタイミングで手や上半身が先に動くとクラブが外から下りたり、上体が突っ込みます。また、下半身リードを意識すると腰が左にスエーしやすくなります。だからクラブを振り下ろしたり、腰を回す意識はもたない。

テークバックでは右足を踏み込んで腰を右に回しましたが、これと同じように、左足を踏み込めば腰は左に回り、クラブが勝手に下りてきます。

左足を踏み込むと腰が左に回ります

右足を踏み込んでテークバックしたのとは逆に、今度は左足を踏み込みます。この動きだけで腰が回りはじめ、クラブも下りてきます

左足をしっかり踏み込むには、バックスイングで左カカトを上げておく（ヒールアップ）のがオススメです

GOLF KEYWORD 29

打つまでは左サイドを伸ばさない

ダウンスイングⅡ

第二部 飛ばすためのスイング（動）——始動〜フィニッシュ

両ヒザを柔らかく使えれば、ダウンスイングでも左股関節と左ヒザをアドレス時の角度にキープできます。しかし、アマチュアの方が飛ばそうとするとここが伸びやすくなります。

バックスイングで右股関節と右ヒザが伸びないよう我慢したのと同様、ここではボールを打つまで、できる限り左サイドをロックしておきます。

ダウンスイングでの力みも左が伸びる原因になるので、力まずクラブを下ろしましょう。

力を抜いてダウンスイング

飛ばすにはある程度速く振る必要がありますが、力を入れる必要はありません。特にダウンスイングでは力を抜く。そのほうが速くスムーズにクラブを下ろせます

力を入れると逆にクラブが下りてこない

GOLF KEYWORD 30

クラブは「左手」で振ろう

ダウンスイングⅢ

第二部 飛ばすためのスイング(動) ──始動〜フィニッシュ

ダウンスイングは「遠心力」を使えるかどうかの分岐点。ここで力が入ると「遠心力」を使えません。でも、動きの中で意識して力を抜くのは難しいので、左手で下ろすようにしましょう。

多くの場合、力が入るのは利き手である右手を過剰に使うから。力を入れづらい左手で下ろすことにより、クラブ主導でダウンスイングできる。ヘッドの動きによって生じる、「遠心力」を使ってインパクトに向かえます。

無駄な力が入りづらい左手で ダウンスイング

○

ダウンスイングでは左手を使って下ろすと力が抜けて、遠心力を生かすことができます

右手で振る意識をもたない

✕

利き手である右手を使うと力が入りやすくなります

GOLF KEYWORD 31

頭を「1時」に残したまま インパクト

インパクトⅠ

トップと思しきタイミングでは、頭はボールのはるか右、右足の真上あたりにきます。この頭の位置をキープしたままインパクトするのが飛ばしの生命線です。

時計の文字盤になぞらえると、自分から見ると頭が「1時」で右足は「5時」になります。

どちらを指標としてもOKですが、この位置をキープしたまま左足を踏み込むこと。一瞬の動きですが、これができれば確実に飛距離は伸びます。

の位置のまま

左足を踏み込みながら１時～５時の位置をキープしてインパクトすることを常に心がけてスイングしましょう

打つまで頭は1時、右足は5時

アドレス、もしくはトップと思しきところからインパクトまで、頭はボールよりかなり右にあります

GOLF KEYWORD 32

ドライバーはダフってもいいんです!

インパクトⅡ

ドライバーはダフっていいクラブです。左寄りにティアップされたボールを打つには、その右側にヘッドを落としますが、そこはボールの手前だからダフるポジション。だからダフっていいのです。

ただ、ボールを打ちに行くとヘッドが上から入ってティを打つようなダフりになる。これはダメですが、その手前でダフるぶんにはさほど気にしなくていい。多少ダフっても真っすぐ飛ぶので致命的なミスにはなりません。

ダフる気持ちで！
ココで打つ
NEXGEN

ヘッドの最下点に振り込む！

ドライバーのスイングでは
ヘッドの最下点にボールが
ありません。ボールの位置
から見たら最下点はダフる
ポジションになります

GOLF KEYWORD 33

フォローまで地面を踏み続ける！

フォローⅠ

ダウンスイング、インパクト、フォローの過程では、クラブやスイングのことは考えず、足で強く地面を踏み続けています。下に力が働けば重心を低く保てて下半身が安定し、エネルギーをボールに伝えられるからです。

飛ばない人は、ここでクラブを上に向かって振っていきます。「アッパーに振りたい」「ボールを上げたい」など原因はいろいろですが、いずれにしてもパワーが逃げてボールに伝わらない。いわゆる〝すくい打ち〟になります。

クラブは上に向かいますが足は地面を踏み続けます。上体に引っぱられて手元や下半身が浮くとパワーが逃げてしまいます

地面に向かって力を出し続ける

フォローでは「腰」をターゲットに向ける

フォローⅡ

アマチュアの方はインパクトからフォローで手が先回りしがちです。自分のフィニッシュを確認して、腰が目標を向いていないにもかかわらず手が高いポジションにあったら要注意。手が先行して腰が回らないスイングになっていて、大抵の人はスライスしているはずです。

大事なのは、この過程で腰が回っていること。左足を踏み続ける意識があれば、腰は自然に回ってフォローでターゲットを向く。これでスライスしなくなります。

体の正面が目標を向く！

◯
フィニッシュ時の「腰」の位置をチェック
ターゲットを向く

腕の振りに体が連動するとクラブが体を追い越さない。フィニッシュでは体の正面が目標方向を向き、手が高い位置に収まります

フォローからフィニッシュでは手を先回りさせない

フィニッシュで体の正面から腰が目標を向いていないのに手が高いところにある人は、手が先行しすぎています

GOLF KEYWORD 35

ワキは空かないからしめなくていい

フォローⅢ

ボクはアドレスでヒジを胸に乗せて構える(78ページ参照)ので、インパクトからフォローでワキが空きません。

いわば、ワキはしまって当たり前。空くほうがおかしいと思っているくらいなので、スイング中もワキについては気にしません。

みなさんも同様です。ボクのように構えれば、スイング中にワキをしめて振る、などと考えなくていい。意識的にワキをしめると、逆に飛ばなくなるので注意してください。

アドレスで上腕部を胸に乗せておけば、腕を振ってもワキは空きません。ワキを締める意識は不要です

スイング中ワキはしまって当たり前！

体の側面に上腕部をつけてもワキは締まりません。腕を振ることによってワキが空いてしまいます

GOLF KEYWORD 36

足でフィニッシュする

フィニッシュ

フィニッシュで太モモを意識すると、腰の回転を促せます。

手やクラブは気にせず、フォローからフィニッシュで右太モモを左太モモに引きつけ、右の太モモからヒザの部分が、左の太モモからヒザの部分にくっつくようにする。太モモに挟んだ紙を落とさずに動くイメージです。

これにより両足太モモの内側の筋肉がしまり、腰が左にクルッと回ります。腰が目標を向きやすくなるため、回転不足にならず最後まで振り切れます。

太モモに挟んだ紙を落とさないイメージをもつと最後まで力を逃がさずに振り切れます

右太モモを左太モモに引きつけます

フォローからフィニッシュで、
右太モモが左太モモにくっつく
ように動く

〔背後〕

安楽拓也のドライバーショット

COLUMN.3

練習場ではいい球が出るかより気持ちよく動けるかが大事

　アマチュアゴルファーは練習場でいい球を打とうとしすぎます。百発百中でいい球を打つのはプロでも無理。アマチュアの方が目指すところではないと思います。

　練習ではまず、アドレスして「右」→「左」と動き、当たるか当たらないかを確認する。ボールはどこに飛んでも関係ない。リラックスして振れて当たっていれば調子は悪くありません。気持ちよく動くことが最優先です。

　それが確認できたらターゲットを変えたり、その日の課題をひとつ決めてそれだけをやることです。

　課題に取り組む場合には極端にやってみることが大事です。ボールの位置を変えるなら２～３個分大きく動かしてみる、ヒザが伸びないようにするなら深く曲げたままにするといった具合。もちろん、そこでもいい球を打つ必要はありません。練習場でいい球が出る人よりも、よく動けている人のほうが本番で力を発揮できます。

結びに代えて

飛ばすためのイメージ

——常に“動く”感覚を

GOLF KEYWORD 37

飛んできたボールを打つ！

結びに代えて 飛ばすためのイメージ ——常に"動く"感覚を

野球でピッチャーが投げ込んだボールを打ち返すには、力んでバットを振るだけではダメ。ある程度リラックスしてタイミングを合わせる必要があります。

ドライバーも同じです。みんな止まっているボールにエネルギーを注入しようと目いっぱい力みますが、これでは、力まなくてもエネルギーが伝わるシャフトの性能を活かせません。ドライバーも野球のように、バットでボールを打ち返すイメージをもったほうが当たります。

打ち返した
ボールイメージ
ボールを打ち返す！

ボールを打つのではなく、打ち返す！

止まっているボールを叩こうとすると力みます。飛んでくるボールを飛んできた方向に打ち返すには、力まずタイミングよく振る必要がある。飛ばしにはこの発想が有効です

飛んでくる
ボールをイメージ

GOLF KEYWORD 38

テークバックで遠くにクラブを放り投げろ！

スピーディーにテークバックする際、ボクはアドレスで一旦左足を踏み込み、その反動を使って右足で地面を踏みます。こうすると下半身主導で動ける。腕から力が抜けていれば、クラブは勝手に速く動きます。

この感じがつかめなければ、腕の振りと体を連動させて右足に体重を移しながら、クラブを遠くに放り投げるようにテークバックするといい。クラブを投げる感覚をもっと、インやアウトに引きすぎることもなくなります。

クラブを
放り投げる
イメージ

クラブを遠くに放り投げるには、スピーディーにテークバックしなければなりません。これはスイング軌道を一定にするのに役立つイメージ付けになります

クラブを遠くへ放り投げると
テークバックが一定になる

GOLF KEYWORD 39

アドレスから フィニッシュまで 動き続ける

緊張すると動きは鈍くなります。ボクもそうなので緊張しないように努めてみましたが、念じるだけではうまくいかず、アドレスで固まっている時期がありました。

何とかしようとたどり着いた方法が動き続けることからフィニッシュまで、止まるスキを作らないようにしたところスムーズに振れるようになりました。

止まっている瞬間があるように見えるかもしれませんが、ボクは打つ前からずっと筋肉を動かし続けています。

クラブの軌道を意識してはダメ

トップの位置を気にしてそこにクラブを運ぼうとしても、実際にそこに運べているかはわかりません

スイングでは動くことが重要!!

×

テークバックをどこに引くか気にするほど動きはゆっくりになり、スイングに制約を加えることになります

24時間、頭の中で打ちまくれ!!

結びに代えて　飛ばすためのイメージ —— 常に"動く"感覚を

ボクはあまり練習をしません。ほかのドラコン選手たちと比べたら、練習量は極端に少ないと思います。

でも、何もしていないわけではありません。車を運転しながら、風呂に入りながらなど、いつでもどこでも打っている——。

そう、ボクは常に頭の中でボールを打ち続けています。これに関しては、誰にも負けないくらいたくさん打っていると自負しています。時間もお金もかからないこの行為が、ボクの飛ばしにはとても大事なのです。

かっ飛ばそう！

いつでもどこでも、頭の中で

イメージの中でボールを打つことは意外と役に立ちます。イメージする習慣がつくだけでなく、スイングが頭に定着する。ナイスショットも打ちたい放題です

〔前方〕

安楽拓也のドライバーショット

〔後方Ⅱ〕

安楽拓也のドライバーショット

おわりに　～ドンドン動いて、ガンガン飛ばせ！

ボクは出場するドラコンの試合のすべてで優勝を目指しています。態度や表情にこそ出しませんが、出場者の中では自分が一番飛ぶと思っている。調子もいいのだから、自分が一番になれるのだと信じています。

でも、これには裏があります。モチベーションが下がると、とたんに周りが気になりはじめる。こうなったとたんに負けますから、あえて自分を発奮させ、周りが気にならないようにしているのです。

これはみなさんも同じだと思います。

ティグラウンドに立ったとき、多くの人がＯＢエリアやバンカーのポジションやそこまでの距離を確認します。この時点でマイナスイメージが先行します。そのまま打てばＯＢエリアやバンカーのイメージが勝っていますから、そこに飛びやすくなります。

これではいくら練習しても結果は得られません。打つ前には必ず打ちたいところを確認する。打つところさえ明確にしておけば、ＯＢやバンカーがどこにあろうと関係ありません。

もし、先にマイナスイメージを入れてしまったら、必ず意識の中で打ちたいところを上書きする。これだけでモチベーションが下がらず、トラップを気にしないスイングができます。コースで気持ちよく振れないのは、気になることが多すぎるからなのです。

また、緊張していると感じたら、打つ前から動くようにしましょう。止まって考えると、緊張して体がどんどん固まります。何でもいいから、動いて自分の打順を迎えましょう。

これが、この本でボクがみなさんに送る最後のアドバイスです。これさえできれば、本書で覚えたことをスムーズに実行できるようになります。

＊

最後になりましたが、本書の出版に際して、ＫＫベストセラーズの武江浩企さん、構成者の岸和也さん、菊池企画の菊池真さんに多大なご協力をいただきました。厚く御礼を申し上げます。

安楽拓也

■著者略歴

安楽拓也（あんらく・たくや）

公式最長記録411ヤードのドラコンプロ。2009年沖縄で開催されたL-1グランプリで優勝するなど国内のすべてのドラコン競技でGD-L DJポイントランキング1位を獲得した国内最強のドラコン3冠王！ゴルフパートナー契約。美しくコンパクトなのに飛距離が出るスイングの持ち主。ステータスゴルフアカデミーでは「楽飛塾」を開講。即効性のある飛距離アップレッスンには定評がある。

全米オープンに出場した谷原秀人プロが、世界のトッププロたちとの飛距離の違いを痛感し、飛距離アップのために購入したのが安楽プロのDVDだった。その後、2週連続優勝を達成。約2万円のDVDで6000万円を稼いだと谷原プロがDVDを絶賛したことにより、アマゾンではすぐさま売り切れになった。「究極のゴルフスイング理論Perfect Swing Theory2」など30巻以上のDVDがある。著書には「たった3分で飛距離アップ！ドラコン3冠王の即効レッスン」（学研プラス）、「ゴルフ飛距離が落ちたと思ったら…」（主婦の友社）がある。2017年レッスン・オブ・ザ・イヤー受賞。

アドレスで飛ばしなさい
日本一飛ばす男のゴルフ「飛ばし」の格言

二〇一七年十一月二十五日　初版第一刷発行

著者　安楽拓也
発行者　栗原武夫
発行所　KKベストセラーズ
　　　　〒170-8457
　　　　東京都豊島区南大塚二丁目二九番七号
　　　　電話 03-5976-9121
　　　　http://www.kk-bestsellers.com/

印刷所　近代美術株式会社
製本所　株式会社積信堂

■スタッフ
構成／岸　和也
撮影／富士渓和春
協力／ベガコーポレーション・中野健二、東名カントリークラブ（静岡県）
装丁・本文デザイン・DTP／石垣和美（菊池企画）
企画プロデュース・編集／菊池　真

定価はカバーに表示してあります。乱丁、落丁本がございましたら、お取り替えいたします。本書の内容の一部、あるいは全部を無断で複製複写（コピー）することは、法律で認められた場合を除き、著作権、及び出版権の侵害になりますので、その場合はあらかじめ小社あてに許諾を求めて下さい。

©Takuya Anraku 2017 Printed in Japan
ISBN 978-4-584-13830-4 C0075